밤실 오디세이

박종현

경상남도 창녕에서 태어났다.
1990년 『부산일보』 신춘문예, 1992년 『현대문학』 추천을 통해 시인으로 등단했다.
시집 『쇠똥끼리 모여 세상 따뜻하게 하는구나』 『절정은 모두 하트 모양이다』 『한글 날다』 『밤실 오디세이』, 명상수필집 『나를 버린 나를 찾아 떠난 여행 1, 2』 등을 썼다.
제2회 박재삼사천문학상, 제35회 경남문학상 등을 수상했다.

파란시선 0166 밤실 오디세이

1판 1쇄 펴낸날 2025년 10월 30일
지은이 박종현
인쇄인 (주)두경 정지오
디자인 이다경
펴낸이 채상우
펴낸곳 (주)함께하는출판그룹파란
등록번호 제2015-000068호
등록일자 2015년 9월 15일
주소 (10387) 경기도 고양시 일산서구 중앙로 1455 대우시티프라자 B1 202-1호
전화 031-919-4288
팩스 031-919-4287
모바일팩스 0504-441-3439
이메일 bookparan2015@hanmail.net

ⓒ박종현, 2025, printed in Seoul, Korea

ISBN 979-11-94799-14-6 03810

값 12,000원

*이 책 내용의 전부 또는 일부를 재사용하려면 반드시 저작권자와 (주)함께하는출판그룹파란 양측의 동의를 받아야 합니다.
*잘못된 책은 바꾸어 드립니다.
*지은이와의 협의 하에 인지는 생략합니다.
*이 책은 경상남도, 경남문화예술진흥원의 문화예술지원을 보조받아 발간되었습니다.

밤실 오디세이

박종현 시집

시인의 말

애써 찾아낸 나에겐 내가 없었다
눈만 감으면 쉬 닿는
나를 낳아 준 자궁인 밤실
산과 들녘, 골목과 허물어진 담장 가장자리
내 허울 한 움큼이 그림자처럼 나타났다 스러졌다
다시 눈을 감는다
아직도 찾아 헤맨다

차례

시인의 말

제1부 밤실 오디세이 1
밤실 오디세이―밤실 - 11
밤실 오디세이―고과살 - 12
밤실 오디세이―부부 - 13
밤실 오디세이―가위눌림 - 14
밤실 오디세이―회화나무 그림자 - 15
밤실 오디세이―나는 굴피집에 산다 - 16
밤실 오디세이―천국행 - 17
밤실 오디세이―오백 원짜리 - 18
밤실 오디세이―누가 왔다 갔나 보다 - 20
밤실 오디세이―송사리의 집 - 21
밤실 오디세이―제비나물이 된 달개비 - 22
밤실 오디세이―보름달 - 23

제2부 밤실 오디세이 2
밤실 오디세이―당산제 - 27
밤실 오디세이―시크릿 하우스 - 28
밤실 오디세이―담뱃굴 모텔 - 30
밤실 오디세이―살바르산 606호 - 32
밤실 오디세이―쇠뜸부기사촌, 무논에서 울다 - 34
밤실 오디세이―도둑댁 - 36
밤실 오디세이―볼기짝에 반짝이는 똥별 - 38
밤실 오디세이―고향집 - 39
밤실 오디세이―시 읽는 별 - 40

밤실 오디세이—장승 – 42
밤실 오디세이—얀테 – 43
밤실 오디세이—봄을 몰고 오시는 어머니 – 44

제3부 섬이 된 바다
뽈 – 47
다이어트하는 청바지 – 48
보톡스 부작용 – 50
코사지, 그녀의 등 뒤에 꽂고 싶다 – 51
부처님 오신 날 – 52
보온용이 아닌 보온병 – 53
자유의 여신상 – 54
이 대 팔 – 56
섬이 된 바다 – 57
염습 – 58
구겨진 – 60
삼지닥나무꽃 – 62
붉은 – 64
설사 – 65

제4부 세렝게티 아빠
은행잎은 침엽수다 – 69
세렝게티 아빠 – 70
입동 – 71
오디, 붉은머리오목눈이가 훔쳐보다 – 72
티사강의 꽃 – 73

늙은 등산화 - 74
나는 더하기였다 - 76
의자―명퇴하던 날 - 77
나는 신이다 - 78
인공호흡 - 80
대퇴골두무혈성괴사 - 81
고양이 키스 - 82
대장내시경 - 83

제5부 비토섬으로 간 여자
오도재―변강쇠의 후예 - 87
첫사랑 - 88
노안 - 89
백반증 - 90
비토섬으로 간 여자 - 91
혹씨 - 92
맹그로브 한 그루 - 94
노루 - 96
실로암 - 97
주상절리 - 98
마다가스카르섬 - 99
환한 세상 하나 만나다 - 100

해설
성선경 달과 천 개의 강 - 101

제1부 밤실 오디세이 1

밤실 오디세이
―밤실

중학교 입학하면서 펼쳐 본 사회과부도
아무리 뒤적여도 내가 태어난 밤실은 없었다
우주의 중심인 줄 알았던 내 고향 밤실은 미아였다
기찻길과 신작로, 강줄기도 모두 비껴가는 누메
경상남도 창녕군 대합면 장기리 밤실
지도에도 존재하지 않는 마을에 드나들 때마다
점점 작아지던 나
동네 어귀 늙은 당산나무처럼 사그라든 어른이 되자
자꾸만 지도에 없는 마을로 돌아가고 싶었다
세상의 뿌리는 모두 단군 할아버지처럼 교과서엔 나와 있지 않고
마음속 지도에만 존재한다는 걸 알고 난 뒤부터
세상 한가운데 밤실이 떡하니 자리 잡기 시작했다
하늘보다 아득하고 바다보다 넓은,
우주의 근원이 된 밤톨을 싹 틔운 밤실
내 하루하루가 저물 때마다 호주머니에 든 밤톨을 만진다
하늘과 땅이 서로 볼을 비비는 소리가 들린다
손바닥만 한 마을 온통 별들로 가득하다

밤실 오디세이
― 고과살

一

　사주팔자에 고과살(孤寡煞)을 끼고 났다며
　길처럼 외롭지 않고 길게 살라는 바람을 담아
　동구 밖 모퉁이 길에다 나를 판 어머니
　길현이라는 아명까지 지어 불렀다
　나이 쉰이 넘어 나에게 낀 살이 소멸될 때까지
　섣달그믐 자정을 넘긴 시각이면 모퉁이 길 구석진 자리
　빈 물동이에다 과일과 떡, 촛불 모셔 놓고 천지신명께 비손을 하셨다
　아내와 아들딸, 많은 이웃과 더불어 외로움 잊고 살아가도록
　칠흑 같은 고과살 물리쳐 밝은 설날 아침을 물려주신 어머니
　돌아가신 뒤 나는 캄캄한 혼자가 되었다
　눈만 감으면 내 곁에 오시던 어머니
　요즘은 꿈속에서도 내 곁에 오지 않으신다

二

밤실 오디세이
―부부

여든을 눈앞에 둔 버들미 아재
경운기를 몰고 귀가한다
때 이른 장마로 참외 농사마저 볼 장 다 본 날
집에 도착할 때까지 아지매랑 네 탓 내 탓을 한다
묘하다 싸움에도 질서가 있다
모퉁이길 돌 때는
부부가 함께 산기슭 쪽으로 몸이 기울고
울퉁불퉁 움푹 꺼진 길을 지날 땐
휘청대는 허리로 가락을 맞춘다
해거름 불콰해진 노을 내려앉은 개울 속
컬컬컬컬 경운기 웃음이 빠져든다
짐칸에 실린 속 짓무른 참외들도
반쯤 입을 벌린 채 웃고 있다

밤실 오디세이
― 가위눌림

―
마을 위뜸 찬샘골
깊이를 알 수 없는 저수지 하나
예쁘고 어린 여자가 빠져 죽었는지
여름 저수지엔 새파란 하늘이 둥둥 떠다녔다

소몰이를 끝내고 저수지 옆길을 따라 집으로 돌아온 밤
저수지 푸른 손이 내 발목을 잡아채는 꿈을 연거푸 꿨다
푸르다는 것은 나이 들면 그리움으로 쌓이지만
한번 빠지면 다시는 헤어나지 못하고 바둥대기만 하는
사춘기 늪인지도 모른다

사랑방 모질게 뱉어 내는 아버지의 밭은기침 소리가
꼼짝달싹하지 못하는 내 선잠을 훼방이라도 놓을 때면
짓밟혔던 질경이처럼 되살아나던 내 열두 살
온 힘을 다해 눈꺼풀을 눌러도 좀처럼 잠은 오지 않았다

가라앉지 않는 하늘이 푸르게 떠 있는 저수지
불쑥 내민 시퍼런 손이
내 바짓가랑이를 꽉 움켜잡는다

―

밤실 오디세이
―회화나무 그림자

살아 있는 모든 생명은 걷는다
게도 사람도 자벌레도
해와 달, 별도 걸어서 하루를 건넌다
심지어 동백나무나 애기똥풀도 해를 등진 채
제 그림자가 가리키는 길을 따라 걷는다
동백과 애기똥풀이 나눈 얘기들이 모여 꽃으로 핀다는 걸
함께 머물다 간 햇살과 바람은 알고 있다
걷는 이를 바라보는 일은 그가 남긴 그림자를 사랑한다는 뜻
더 이상 사랑할 수 없는 먹감나무 낙과와 죽은 딱새는
걷지를 못한다 그림자가 없기 때문이다
고향집 뒤란에 선 늙은 회화나무 내가 먼 길을 나설 때마다
담 너머 긴 그림자를 드리워 내 걸음을 배웅해 주다가도
내가 쳐다보면 짐짓 돌아서서 딴청을 피운다

부모님 말고도 나를 키워 준 이가
또 한 분 계셨다

밤실 오디세이
― 나는 굴피집에 산다

一 굴참나무 껍질 속으로 들어가
  굴피집을 짓고 싶다
  외장 인테리어는 모두 코르크 마개로 하고
  중간쯤 오색딱따구리가 마련한 오디오 시설로
  한낮의 졸음도 쫓아낼 것이다
  굴피 속에 들어가 살아야
  굴피집이다
  굴참나무 껍질을 벗겨 지은 지붕은
  더 이상 아늑한 집이 아니다
  굴참나무에 기대어 내 무릎을 툭툭 치니
  오색딱따구리 소리가 난다

  나는 굴피집에 사는 거다

―

밤실 오디세이
  — 천국행

안산 비탈을 차지한 남평 문씨 문중 묘소
산등성이 아래로 층층이 줄을 서 있다
무덤 옆 등성이로 백 미터 남짓 오르는 잔디 길은
비료 포대 썰매장이다
가파른 내리막길 비료 포대 썰매를 타면
속도 조절이 어려워 스스로 꼬꾸라지거나
뒤따라오던 친구에게 등을 받혀 자빠져도
얼굴 가득 웃음을 머금었다
늘 웃을 수 있는 곳이 천국이라면
내 어릴 적 천국의 길은
하늘 향해 나 있는 것이 아니라
산등성이에서 마을을 향해 뻗어 있었다
어른이 되면서 천국으로 가는 길이
모두 하늘 향해 펼쳐져 있다는 걸 알았다
살아서는 아무도 닿지 못한 어른들의 천국,
꽃상여 타고 웃음 가득한 천국으로 떠나는데도
길옆에는 울음만 넘쳤다
간혹 길 꽁무니엔 입 가린 미소도 숨어 있었다

밤실 오디세이
—오백 원짜리

一

 난데없이 사나이 하나가 마을에 나타난 건 6.25가 터지고 이십 년이 지났을 무렵이다 젊은이들 모두 농촌을 떠나던 시절, 성도 이름도 모르는 마흔 살 남짓 그 사내 마을 위쯤 외딴집 사랑방에 기숙하며 이 집 저 집 품팔이를 했다 하루 품삯이 오백 원, 터무니없이 싼 임금 덕분에 그 사내 오백 원짜리란 이름을 공짜로 얻었다 자기보다 열 곱절이나 많이 받는 일꾼들보다 더 일을 잘했던 사내, 어린아이들이 오백 원짜리라며 놀려 대도 웃기만 했다 가끔 혼자 들일을 할 때면 똑바로 곧추서서 옷매무시를 고친 뒤 연거푸 몇 번이나 거수경례를 했다 논바닥 쓰러져 누운 볏단 향해 예를 갖춘 것이다 볏단 사이사이를 헤쳐 다니며 군가 '너와 나'를 반복해서 부르곤 했다 그러던 하루 느닷없이 왕재산 너머로 날아온 제트기가 손바닥 하나로 가릴 만한 산골 하늘을 지나가자 번개 같은 동작으로 쌓아 놓은 볏단 밑으로 몸을 숨겼던 다음 해, 서울의 봄 대신 꽃샘추위와 황사 바람이 번갈아 온 마을을 뒤덮던 밤 처음 올 때 가져온 여행용 가방 하나만 메고 왕재산 고개를 넘어갔다 팬텀기 한 편대가 괴성을 지르며 마을을 발칵 뒤집어 놓은 다음 날이었다 지금은 아이스크림 하나도 살 수 없는 오백 원짜리, 십 년 동안 잡초 무성한 들녘을 깨워 쌀과 보리 거두고 호밀과 옥수수

제 키보다 높게 키웠던 사내, 그가 밟고 간 길섶 광대나물
경기(驚氣) 든 보랏빛 얼굴로 먼 산을 바라보고 있다

밤실 오디세이
― 누가 왔다 갔나 보다

一

담장마저 허물어진 고향집
일 년에 두어 번
명절이나 성묘 가는 길에 잠깐 들렀다
시멘트 뜯겨 나간 마당 모서리
무성하게 돋아난 쇠무릎이 집주인 행세를 한다
쇠무릎 줄기가 낯선 이를 향해 불끈 주먹을 쥔다
밤낮 바람과 햇살 번갈아 머물다 갔는지
잡초들 서슬 푸른 잎이 당당하다
마당을 가로질러 나오는 등 뒤에서
누군가 똑똑 빈집을 두드리고 있었다
헐거워진 수도꼭지에서 방울방울 떨어져 고인 물이
우물터 찌그러진 세숫대야 바닥을 차마 떠나지 못해
파란 이끼를 끌어안고 있다
헐거워 조금씩 새어 나오는 황톳빛 수돗물에서
귀에 익은 소리가 들린다

누가 가끔 왔다 가나 보다

二

밤실 오디세이
— 송사리의 집

찬샘골 맑은 계곡물에 놀고 있는
송사리 가족
나를 보고도 도망갈 생각을 않는다
되레 나를 향해 두 눈 부릅뜨고
노려보고 있다
맞다 산골짝 전체가 송사리 집이다
무단침입자를 쫓기 위해 떼 지어 몰려든 송사리들이
입이 찢어지라 떼 고함을 내지른다

밤실 오디세이
― 제비나물이 된 달개비

一

어머니는
늘 제비나물이라고 불렀다
어린잎은 나물로도 해 먹었다
소와 돼지, 토끼까지도 즐겨 먹던 나물

이름이 좀 틀리면 어떠랴
꼭 달개비라고 불러야 제비나물이 금방
유식한 달개비나 닭의장풀이 되는 건 아니다
틀리면 틀린 이름대로
귀한 존재다

이름을 잘못 불러 줘도
봄마다 나물로 돋아난다는 게 갸륵하다
키 솟은 방가지똥 하나가 제비나물을 굽어보며
허리를 숙인다

밤실 오디세이
―보름달

밤하늘이 동그랗게 눈을 뜨고
나를 감시하고 있다
내 마음을 어떻게 알아챘는지
골목 모퉁이를 돌아 그녀의 봉창 밑 서성이면
불쑥 먹감나무 가지 사이 비집고 나와
나를 뚫어져라 쳐다본다
속내를 들킨 나는 줄행랑을 쳤지만
부릅뜬 눈으로 바지랑대 위에 올라앉아 있는 달
먼발치 그녀 방엔 늦은 밤인데도
환한 달빛이 함께 머물고 있다
분명 그녀의 지령을 받은 달이
내 일거수일투족을 살피는 게 틀림없다
밤은 어두워야 진짜 밤이란 걸
배신당해 본 사람은 안다

제2부 밤실 오디세이 2

밤실 오디세이
— 당산제

제대로 하늘 한번 우러르지 못한 채
평생 발밑 던져 준 먹이로 삼 겹 오 겹 살을 쌓은 공덕일까,
돼지머리는
죽어서야 마침내 신의 음식이 되었다

평안하게 웃는 저 모습
얼마나 경건한가,
열어젖힌 코와 반쯤 감은 눈이 절묘하게 어우러진 저
소리 내지 않는 미소

신의 웃음이다

중천에서 웃던 대보름달마저 콧구멍 속으로 빨려 든다

밤실 오디세이
―시크릿 하우스

一 무서움도 물리치고 두려움마저 껴안는 게
외로움인가 보다

고향 장텃골 넘어가는 작은 고개
마을에서 한 마장이나 쫓겨나 앵돌아선
상엿집 하나 산다

누구 하나 훔쳐본 사람 없는 시크릿 하우스

달이 흐드러지게 핀 밤이나 궂은비가 마을을 적시는 밤이면
귀곡성을 들었다는 마을 사람이 더러 있었다

서른에 혼자되어 십 년을 수절해 온 당숙모와
마흔이 되도록 문씨네 머슴살이하는 노총각 판수 형
두 동갑내기가 은밀히 만난다는 걸
빗장 걸어 둔 상엿집 자유롭게 드나드는 바람은
차마 고자질할 수가 없었다

농사철이 지나면 사흘이 멀다 하고
귀곡성이 들리는 상엿집 망을 보던 보름달

충혈된 눈으로 밤을 지새우곤 했다

외로움이 깊으면
잠 못 드는 어둠마저 시뻘건 달로 익는다

밤실 오디세이
―담뱃굴 모텔

一

마을 위뜸에서 반 마장이나 떨어진 담뱃굴
여름철엔 생 담뱃잎을 말리고
농한기엔 말린 고추며 시래기, 가을걷이를 갈무리해 놓은,

한적하고 외진 담뱃굴
어머니가 국거리 시래기를 챙기러 간 초겨울 오후다

양철 쪽문 틈으로 다급하게 음마아흐! 음마아흐! 연거푸 불러 대는 소리
위급함을 직감하고 활짝 쪽문을 열어젖히며 뛰어든 어머니

깔아 놓은 빈 가마니 위
고개를 뒤로 꺾은 귀옥이 누나
막 숨이 넘어가는 기막힌 순간이다
엄마 덕분에 목숨을 건진 귀옥이 누나 곁엔
미처 속옷도 껴입지 못한 태수 형
엉겁결에 꿇어앉아 애걸복걸 매달린다

새봄에 혼사를 치르겠다는 언약을 받아 낸 엄마는
말없이 담뱃굴 쪽문을 닫아 주었다

명절이면 고향을 찾아오는
먼 친척 귀옥이 누나와 부랑쟁이 태수 형
위뜸 마을 다 들리게
음마아! 음마아! 한목소리로 외치면서
우리 엄마부터 찾았다

*담뱃굴: 담배건조장.

밤실 오디세이
― 살바르산 606호

一
　불알친구 영탁이 녀석 군 입대 전날 딱지를 뗐다
　마산역 근처 함께 묵은 여인숙
　스무 살이나 많은 조바와 눈이 맞았던 녀석은
　군용열차 옆자리에서 1탄부터 시작해 5탄까지
　밤새 총각 딱지 떼인 일화를 들려주었다
　이등병 계급장 달기도 전 개선장군이 된 양 호기를 부렸다
　피정복자가 이처럼 당당하게 행세하는 모습이 몹시 부러웠던 나와
　녀석은 같은 내무반에서 훈련을 받았다
　녀석의 몸에 이상 반응이 나타난 건
　훈련소 생활 열흘쯤 지났을 때다
　의무대에 간 녀석은 살바르산 606호 한 대를 맞았다
　개선장군의 풍모는 온데간데없고 패잔병 같은 몰골
　겁박해서 끌고 간 내 손에 이끌려 내무반으로 되돌아왔다
　마지막 훈련인 각개전투장 4주 동안 익힌 총검술로
　타이어 대항군에다 총검을 찌를 때
　조교의 동작 그만 명령도 무시한 채
　여인숙 조바로 보였다는 타이어에다 녀석은
　실성한 듯 대검을 찔러 댔다

二

*살바르산 606호: 독일의 에를리히가 개발한 매독 치료제.

밤실 오디세이
― 쇠뜸부기사촌, 무논에서 울다

一 초저녁부터 고주망태가 된 남정네는 노름판으로 가고
볏논에 물을 긷기 위해 논두렁에 앉은 하동댁
말라 가는 논바닥을 바라보며 모래 웅덩이
물이 차오를 때까지 지키고 있다

윤유월 초닷새 초승달 바싹 야위어 간 부리로
저 홀로 도랑 기슭 울어 대는 쇠뜸부기사촌 소리에
깊어 가는 여름밤 가장자리까지 웅덩이 물이 고인다

혼자서는 버거운 용두레를 잡고 씨름하던 차에
아래 논배미 물 대기를 끝낸 흥구 아재
하동댁 대신 용두레를 잡고 물을 퍼 올린다

리드미컬하게 두레질하는 흥구 아재 한참 지켜보던 하동댁
왜 하필이면 용두질을 떠올렸을까, 얼굴이 벌겋게 달았다
마흔에 혼자되어 십 년 세월 독수공방해 온 흥구 아재
두레질 끝내자 잎담배 하나를 문다

때마침 초승달마저 비석굼티 허리춤으로 꼬리를 감춘 뒤다
도와준 흥구 아재가 고맙기도 하지만 듬직한 팔뚝만 보면

귓불이 붉어지던 하동댁이었다
누가 먼저랄 것도 없이 텅 빈 모래 웅덩이 두둑에 뒤엉켰다

오랜만에 물이 흥건히 괸 논바닥에서 쇠뜸부기사촌
뜸뜸북 뜸뜸북 숨 가쁘게 울어 댄다

밤실 오디세이
─도둑댁

一
열한 살 연상인 누나 시집가서 얻은 택호가 도둑댁이다
장녀로 태어나 오빠 하나 동생 넷 뒷바라지하며
논일 밭일 황소처럼 일하느라 초등학교밖에 못 나온 누나
친정에서 논밭 한 뙈기 훔쳐 간 일도 없었는데 도둑댁이라니
다랑이 밭 열두 마지기 고추며 담배 농사지으면서
우리 집 살림 일궈 놓고 시집간 누나가 받은 이름이 도둑이라니
다랑이 밭이 있는 골짜기 6.25 전쟁이 터지기 전까지 있었다던
서너 채 오두막이 도둑들의 은거지였단다
도둑골 다랑이 밭 주인 딸이라고 신랑 친구들이 붙여 준 이름
여든이 넘은 자형 신혼 시절이 그리운 날이면
지금도 누나를 도둑댁, 도둑댁 하고 부른다
아들 둘, 딸 하나 잘 키워 놓고
다리 허리 아파 다랑이 밭 도둑질하러 나서지도 못하는 누나
도둑댁이라고 불러 주면 마냥 웃으시는 둥글넓적한 얼굴에
二
다랑이 밭 큰 담뱃잎과 붉은 고추, 언덕배기 누렁덩이 호박

주렁주렁 열린다
그 넉넉한 품 처녓적 동네 총각들 마음 다 훔쳤던 누나
도둑댁, 도둑골 다랑이 밭고랑 같은 미소가 만면에 번진다

밤실 오디세이
―볼기짝에 반짝이는 똥별

一 　내 볼기짝엔 수캐 한 놈이 붙어산다

　저녁 식사를 마친 어둠살이 두텁게 땅바닥에 쌓일 무렵
　푸세식 화장실 대신 외양간 앞이 화장실이었던 세 살배기
　어둠 깔린 흙바닥에 쪼그려 앉아 엉덩이를 깠다

　낮이면 온 동네 암캐들과 흘레 짓만 해 대던 우리 집 똥개
　내 엉덩이 뒤에 앉아 만찬을 기다렸다
　정조준에 이력이 난 낮과는 달리
　밤엔 무슨 일이든 서툴렀던 수캐 녀석이
　길게 드리운 특식 땅바닥 닿기 전에 먹으려고 입질을 하다
　덥석 내 오른쪽 볼기짝을 깨물었다
　엉겁결에 주저앉은 똥방석은 온통 피범벅이었다

　지금도 개만 보면 내 볼기짝 똥개가 달아 준 별 하나
　지키기 위해 엉덩이를 어둠에 숨긴다
　서녘 하늘 개밥바라기별이 뜨면 이빨에 찢긴 모서리마다
　핏빛으로 반짝이는 똥별

二 　내 볼기짝 살 깊은 곳에서 욱신거리기 시작한다

밤실 오디세이
― 고향집

고마운 일은
무시로 흔들리곤 했지만 뽑히지 않고 견뎌 냈다는 거야
늘 제자리 다시 돌아나는 까닭이
꽃대궁 마디마디 그리움을 매달기 위해서란 걸
왜 아무도 눈치채지 못했을까,

한 번도 만나 보지 못한 그리움의 뿌리
아예 찾아볼 생각을 접어야만 했어
뿌리를 캐기 위해 흙을 파 뒤집으면
쥐눈이콩의 눈보다 작은 열매를 매단 줄기가
죄다 말라 죽을지도 모르거든

양철 대문 한 짝이 떨어져 나간 집 드나드는 바람
무성한 쇠무릎과 바랭이들이 배웅해 주는
마당 가장자리
자루가 삭은 조선호미에서 번져 나온
저 붉은 녹

텅 빈 세월이 흘린 마른 눈물일 거야

밤실 오디세이
―시 읽는 별

一
   오랜만에 들른 고향집
   문을 열자 대문 앞까지 나온 잡초들이 나를 반겼다
   시멘트 마당이 부석부석 흙으로 변해 있었다
   한켠이 무너진 흙담은 골목과 경계를 허문 지 오래다
   내 발걸음 소리에 벌써 문틈으로 내다보실
   어머니 기침 소리 끝내 들리질 않았다
   기침을 무릎으로 짓누르며
   내 첫 시집 표지를 바라보시던 모습이 격자 문양 문살에 얼비칠 때
   지붕 가까이 내려온 별을 헤고 또 헨 지가 십 년이 흘렀다
   온 집 안 가득 어둠이 뒤덮자
   말똥말똥 하늘이 눈을 뜨기 시작했다
   혹시나 저 별빛 타고 내려와 읽어 주실라나
   부엌문 문설주에 박힌 돌쩌귀 옆에다 내 새 시집을 꽂아 놓았다
   밤마다 허물어진 담으로 넘어와 집 안을 둘러보실 때
   행여 눈에 띄면 읽으실까 봐 꽂아 둔 시집
   오늘은 우물가에 내려온 별들이 반짝반짝 시집을 읽고 있다
   살아생전 어머니는 시 한 편도 읽지 않았다

二

아들의 시는 안 읽고도 다 안다

밤실 오디세이
―장승

一
　사람이 죽으면
　별이 되고
　별이 죽으면
　꽃이 되는,

　밤실

　죽어서 사람이 된
　나무가
　낮에는 꽃 밤에는 별
　사시사철 지키는,

二

밤실 오디세이
―얀테

나 돌아가리라
무릉도원 둥지 튼
밤실

태어나 한 번도 본 적 없는 청학이 날아와
복사꽃 흐르는 계곡에서 발을 헹구고
하늘도 산도 구름도 모두 내려와
골짜기에 어우러져 사는
얀테

살아 있는 목숨 모두 봄으로 피어나는,

복사꽃 흐드러진 얀테가 깃들인
밤실

나 돌아가리라

*얀테: 덴마크계 노르웨이 작가인 악셀 산데모세가 쓴 소설 『도망자』에 나오는 이상적인 작은 마을.

밤실 오디세이
―봄을 몰고 오시는 어머니

一

꽃다지가 노란 햇살을 끌고 와
봉분을 감싸고 있다
봄꽃 무더기무더기 데려온 봄볕이 부러워
한마디 말도 없이 어머니
꽃다지 속으로 들어가신 날
세상은 온통 노랗게 피어났다
그 노랑을 가꾸기 위해
어머니는 또 봄을 몰고 오신다

二

제3부 섬이 된 바다

뿔

두려움이 자라면
뿔이 된다

겁이 많은 짐승일수록
길게 자라는 뿔

꽃사슴 큰 눈 가득 고인 공포가
불쑥 솟구쳐 휘어진 길 하나 낸다

뿔이 자라면 길이 된다

다이어트하는 청바지

오래 입은 옷이나
버리기에 좀 망설여지는 옷에는
으레 실밥이 피어 있다
자투리끼리의 만남이 어색했던 옷감 모서리나
하루를 너무 자주 접고 폈던 무릎에도
무성하게 피어나는 실밥

노동이 먹고살아 온 밥이다

밥이 부족했던 사람일수록 실밥은 넉넉했다
무릎 밖으로 툭툭 실밥이 불거져 나온 바지를 입은 사람은
굶는 날이 부자가 먹은 쌀밥보다 더 많았던 때가 있었다

그런 거짓말 같은 세월의 실밥을
세월이 다 먹어 치운 지금

다이어트를 위해 굶는 여자들의 청바지엔
공장에서 가공(加工)한 실밥이
하얀 쌀밥 같은 허벅지를 갉아먹고 있다

실밥이 먹어 치운 뽀얀 밥이
실눈으로 반쯤 색이 바랜 청바지를 유혹하고 있다

보톡스 부작용

얼굴에 주름이 패는 건
이승을 건너
하늘로 닿는 길을 열어 두기 위함이다

갓 태어난 아기가
입술 가득 주름을 물고 나온 것도
하늘이 열어 놓은 주름 길로 태어났기 때문이다

아흔이 넘은 윤 씨 할머니
깊게 팬 주름마다 독일산 제오민으로 채워서일까,
얼굴엔 주름살 하나 없다

하늘에 닿는 주름을 없애자
몇 날 며칠 하늘길 찾지 못해
산소마스크 속에서 헐떡이며 헤매고 있다

호스피스 병동을 지키던 막내아들
창문을 두드리는 다급한 밤바람에도
모로 누운 보호자 침대에서 코를 골고 있다

코사지, 그녀의 등 뒤에 꽂고 싶다

때론 몸통보다 꼬리가 더 찬란할 때도 있다
음식보다 식탁보가 더 입맛을 돋울 때가 있는 것처럼

수천만 원이 든 성형 얼굴보다
오천 원짜리 꽃 한 송이가 눈을 번쩍 띄게 하는 수도 있다
반짝이는 별보다 어둠이 더 빛날 때가 있는 것처럼

지금 내 왼쪽 가슴이 뜨거워진다
꽃바구니도 꽃다발도 아닌
엄지와 검지만으로 가슴을 환히 밝히는
아직 덜 핀,
장미 한 송이
자꾸만 나를 몽환으로 끌고 간다

등 돌린 그녀의 등에다 검붉은 장미 하나
슬쩍 꽂아 주고 싶은 순간이다

부처님 오신 날

太어나 27개월 만에
처음 절을 찾은 손자 녀석
부처님을 보자마자 울음부터 터트렸다
무서워하는 아이 손을 이끌고
법당 밖으로 나오자
뚝 울음을 그친 녀석
눈물로 관불(灌佛) 의식을 마친 얼굴이
티 하나 없이 환하다
선악도 시비도 닿지 않는
아기 부처님 앞에 합장했다

염화미소 머금은 녀석이
나를 향해 두 팔을 뻗어 왔다

보온용이 아닌 보온병

 찬장에는 여남은 개의 보온병이 가지런히 줄을 서 있다 무지개보다 더 많은 색깔의 보온병이 산행을 즐기는 나에게 간택되길 학수고대하고 있다 개업 기념일 칠순 기념일 산악회 창립 기념일 여러 기념일에서 받은 보온병들 중 하나를 골라 뜨겁게 덥힌 찻물을 담아 겨울 산행을 나섰다 가파른 능선길 전망 좋은 쉼터에 앉아 종이컵에 따른 찻물 이미 싸늘히 식어 있었다 한 번만 쓰고 찬장에 진열해 놓은 보온병들을 바라보며 한 번도 쓰지 않은 자줏빛 보온병 하나를 진열장 구석에 그냥 두기로 했다 너는 틀림없이 보온병일 거야 하는 내 믿음을 보온하기 위해 고이 찬장에 모셔 두었다 보온병은 보온용이 아니라 기념용이라는 아내의 말은 거짓이 아니었다 기념일은 모두 시간이 지나면 식어 간다

자유의 여신상

一 자유는 왜 푸른색인가

구릿빛이 녹슬어
푸른빛으로 변한 여신상
조각난 꿈들끼리 부딪쳐 생긴 멍들이 뭉쳐
자유를 쟁취한 까닭일까
자유는 자유롭지만 결코 가볍지 않다
225톤이나 된다

무인도 리버티섬에서 왼손에는 독립선언서
오른손에는 횃불을 든 한 여인이 밝힌 세상
푸르게 녹슬어야만 자유는 환해진다
마디마디 상처들이 손에 손잡은 따뜻한 숨결로
46.1m 자유를 쌓은,

일곱 개 뿔 달린 왕관을 쓴 여인
이마 위 내려앉은 구릿빛 하늘마저 찬란한 건
푸른빛의 본디 색이 구릿빛이란 믿음이
구겨진 옷깃에 스며 있었기 때문인지도 모른다
족쇄를 떨치며 내딛는 발걸음이 둥글고 푸른 바다 펼쳐

놓는
 저 선언

 녹슬지 않은 자유는 방종이다

이 대 팔

一

여덟은 내 몫
나머지 둘은 아내 몫이었던 시절이 있었다
예순을 넘기면서 아내가 여덟 내가 둘
어떤 날은 호주머니가 완전 비었을 때도 있다
아들딸 모두 아내 차지가 된 날
이발소에 간 나는
끝까지 이 대 팔을 고집했다
왼쪽으로 치우친 가르마에 내몰려
자꾸만 사라져 가는 내 몫을 바라보던 관자놀이가
벽면 전체를 차지한 거울 속에서
씰룩거리는 내 구레나룻을 붙들고 키득키득 웃고 있다

一

섬이 된 바다

담도에서 시작해
간과 쓸개까지 전이되었다는 말을 들은 지
여남은 달이 지났을 무렵
일흔도 안 된 아홉수인 지아비를 떠나보낸 여동생
베란다 너머 해운대 바다만 바라보았다
그날 이후 나는 세 살 아래 여동생을
마주 볼 수가 없었다
곁눈질로 슬쩍 뒷모습이라도 볼라치면
바다가 머물다 간 흔적인 듯 왼쪽 어깨는
한 뼘이나 기울어져 있었다
파도 소리는 들리지 않았다
딱 삼 년만 더 살았으면 좋겠다며 웃던 지아비 얼굴
파도가 지나간 옆구리 수만 갈래 주름진 모래톱에다
새기고 또 새겨 놓았다던 여동생의 목소리엔
썰물 져 텅 빈 바다 하나가 들앉아 있었다
소리 내지 않고 흔들리는 바다
섬이 된 바다가 떠다니고 있었다

염습

一 　거미들이 세월을 지키고 있는 집
　썰물 져 텅 빈 무녀도 바닷가 으스스한 분위기가
　돌아서던 내 발걸음을 붙잡고 집 안으로 끌고 갔다
　고장이 나 열리지도 않는 양철 대문 옆 허물어진 담장
　겁먹어 후들거리는 다리로 넘어서자
　섬돌엔 서로 엇방향으로 바라보는 검정 고무신 한 켤레
　거동하지 못하는 먼지가 뽀얗게 쌓여 있다
　안방 반쯤 열린 격자문 너머 아랫목을 지키는 두꺼운 담요가
　돌아오지 않는 주인을 여태 기다리고 있었나 보다
　서쪽으로만 바라보는 방은 대낮인데도 어둑하다
　파도 소리가 머물다 갔는지 담요에는 물 주름들이 일렁거린다
　다시 허리를 꺾어 거미가 허락해 준 통로를 따라 집을 나오자
　누가 자꾸만 내 바짓가랑이를 잡아당긴다
　담장을 푸르게 에워싼 환삼덩굴의 애원에 못 이겨 돌아선 걸음
　이승 뜰 채비를 마친 집 하나가 정적 속에 누워 있다
二 　누더기 삼베옷 입은 슬레이트 지붕

굵은 새끼줄로 꽁꽁 염을 해 놓았다
언제 왔는지, 몰려든 밀물이
어화능어화능 선소리를 메기고 있다

구겨진

一 골목길에 들어서자
구겨진 종이 한 장이 벌떡 일어나 나를 반겼다
경쾌한 걸음으로 허공을 밟고 내 앞을 가로질러 와
다시 땅바닥에 내려앉는다
낮게 엎드린다는 건 남에게 길이 되어 준다는 의미일까,
잠그지 않은 붉은 양철 대문 돌계단 아홉 개를 밟고 내려가면
어둠만 가득 채운 반지하방 안이 인기척을 느꼈는지
헛기침을 창호지 밖으로 내뱉는다
아흔이 내일모레인데도 귀는 밝으시다
불을 켜자 아랫목 웅크려 누운 할머니 잇몸 붉게 나를 반긴다
구겨져 있던 하루가 나무늘보처럼 한쪽 팔부터 꿈틀댄다
낮게 엎드리는 것만큼이나
느리게 몸을 펴는 일에는 늘 간절함이 묻어난다
세상을 여는 일이 간절할 때
제 몸을 엎드리거나 서너 박자 느린 동작으로 말을 건넨다
엎드림이 길고 느림마저 서툴러진 시간이 흘러가면
노안(老顔)에 몰려든 검자줏빛 꽃들이 잠깐 생기를 찾는다
二 낮고 느린 시간이 고인 방에 머무는 저녁은 무척 짧다

형광등 스위치를 내리며 잡은 차가운 문고리가
한동안 내 손을 붙들고 놓지 않았다
밭은기침 소리 쌓여 있던 돌계단
발바닥으로 더듬어야만 오를 수 있었다
어둠이 구겨진 골목을 꽁꽁 말아 쥐고 있다

삼지닥나무꽃

一   외면하려 해도 자꾸 눈이 가는 화장기 하나 없는 꽃,

  한 해 한 번 만나는 초등학교 동창 모임에도 민낯으로 오던 고향 친구처럼 대학병원 암병동 앞뜰 생기라곤 찾을 수 없는 삼지닥나무꽃이 영상통화 화면에 잠깐 비쳤나 보다 예쁘네! 묻지도 않은 대답을 해쓱하게 남겼을 때 네가 더 예뻐! 하는 말을 건넬 기회를 놓친 걸 핸드폰이 끊기고 나서야 뉘우쳤다 삼지닥나무꽃 빛으로 다가오던 친구의 목소리 봄의 끝물로 병원 뜰 구석진 자리에 웅크리고 있다

  피어날 때보다 끝물일 때 더 짙은 향기를 풍기는 꽃,

  집에 오자마자 오른쪽 주머니에 담겨 숨차 하던 서너 마디 대화를 옷걸이에다 걸었다 귓바퀴에 바싹 갖다 대야만 겨우 식별이 가능했던 친구의 목소리가 손가락 사이 헝클어진 채 빠진 한 움큼 머리카락으로 만져졌다 목소리에 묻혀 온 향기가 꽤 무거웠나 보다 옷걸이에 걸린 내 오른쪽 어깨가 갸우뚱 기울어져 있었다

二   해거름 녘 서둘러 찾은 암병동, 한 모퉁이만 돌았는데 장례

식장은 왜 곧바로 나타날까, 핏기 하나 없는 삼지닥나무꽃, 완전 건성(乾性)인 드라이플라워 한 다발이 장례식장 뜰 가장자리에 매달려 있다 말라비틀어질수록 향이 진했다

 아침나절, 세상의 배경이 되어 준 삼지닥나무꽃 향해 예쁘네! 하던 친구의 야윈 목소리가 대면을 허용하지 않던 호주머니 속에 갇혀 흠뻑 젖은 채 물컹거렸다 영정 속 예쁘게 미소 짓는 친구 차마 볼 수가 없어 외면한 눈길 너머,

 온몸 가득 백혈구 멍울진 삼지닥나무꽃 그렁그렁 향기 만발이다

붉은

―
구내식당에서
건더기 하나 없는 소고기국밥을 먹는다
국그릇 속에
―화장 중·삼가 고인의 명복을 빕니다―
주문처럼 붉은 문구가 번갈아 뜨고 있었다
지아비를 잃은 여동생의 짓무른 눈가엔
침묵만 눌어붙어 있다
국밥 한 그릇이 잠깐 멈추게 한 곡(哭)
바닥만 저어 대는 숟가락에서 쉰 목소리가 들린다
붉은 국밥 입에도 안 댄 채 화장로 쪽으로 옮겨 간 여동생
'삼가 고인의 명복을 빕니다'가 20초간 뜸을 들이며 '화장 중'을
왼쪽으로 반복해서 밀어내는 전광판을 뚫어지게 바라본다
눈시울 붉은 글자들이 더디게 더디게
이승을 건너고 있었다

―

설사

밥솥에 안친 쌀이 열을 만나면
쌀 속에 숨은 악마가 사라진다
쉬이쉬이쉭 도망치는 악마의 뒷모습
뜨거운 것은 모두 세상을 뿌옇게 했다
악마가 빠져나간 밥은 곧바로 약이 된다
그래서 사람들은 쌀 대신 밥을 먹는다
어쩌다 덜 익힌 쌀을 먹은 날이면 배탈이 난다
몸속 곳곳에 숨어 있던 수분이 힘을 모아
쌀눈에 숨은 악마를 몰아내기 위해 속을 헹궈 낸다
푸드덕 뿔 달린 냄새가 변기 가득 고인다
레버를 눌러 악마의 시신을 단박에 수장시키면
변기 안쪽 모서리에 걸린 세정제가
금방 파란 웃음을 피워 올린다

*쌀 속에 숨은 악마가 사라진다: 아메리카 원주민들은 팝콘을 만들 때 옥수수에서 악마가 빠져나간다고 믿는다.

제4부 세렝게티 아빠

은행잎은 침엽수다

네가 침엽수라고?
말도 안 돼!
둥글넓적한 하트 모양 잎을 지닌 네가 침엽수라면
마로니에도 침엽수겠네
말도 안 되는 말을 내뱉는 순간
뾰족한 바늘에 찔린 것보다 더 깊고 긴 아픔을 지닌
스무 살의 결별, 지금까지도 찔러 댄다
그녀가 준 하트 모양의 노란 은행잎
헤르만 헤세의 데미안 책갈피 속에서 나를 찔러 대고 있었다
침엽수에 찔린 글자들이 까맣게 멍이 든 채
글썽거리고 있다

세렝게티 아빠

―　수컷 사자는 사냥에 서툴다
　아내들이 사냥해 온 먹잇감을 탈취해
　포식하는 법을 먼저 익혔기 때문이다
　날카로운 송곳니의 길이가 우두머리의 잣대가 되는 세렝게티
　대기업에 다니는 규민 씨는
　날마다 익숙한 도로를 질주하며 사냥터에서 포획한 먹이를
　아내와 아들이 사는 LA로 전송한다
　열다섯 살 아들이 대학까지 마치려면
　아직도 십 년이나 등골이 빠져야 한다
　사자가 먹고 버린 얼룩말 갈기 같은 라면
　밤마다 텅 빈 거실 바닥에 무릎 꿇고 먹으면서
　후루룩후루룩 눈물만 훔친다
　심야 지오그래픽 동물의 세계 영상에서
　갈기 화려한 수사자 하나 식사가 끝났는지
　흐엉흐엉
　송곳니 긴 포효를 하고 있다

―

입동

날마다 다니던 산길 모퉁이
떡갈나무 잎 하나 나를 따라오며
자꾸 말을 건다
가을이 깊으면 모두 외로워지나 보다
저도 나도 멈춰 서서 서로를 빤히 쳐다본다
내가 건네고자 하는 말을 이미 알고 있다는 듯
주름진 떡갈잎이 옷깃을 여미며
터져 나오려는 웃음을 애써 참다
돌아서는 내 등 뒤에다
떡깔깔 떡깔깔 웃음을 터트린다
심심해하던 하늘마저 배꼽 잡고 웃는다

가을이 겨울에게
오솔길을 통째로 넘겨주는 순간이다

오디, 붉은머리오목눈이가 훔쳐보다

검은 유두를 가진 여자가 있었다
산행 중 자꾸만 앙가슴에 벌레 기는 느낌이 든다고 하자
앞서가던 친구가 털진드기일 수도 있다는 말에
깜짝 놀란 그녀 뒤따르던 나를 향해 엉겁결에
블라우스와 브래지어를 한꺼번에 추켜올렸다
당황한 내가 되레 눈길을 피하자 쑥스러운 듯
남편이 바람을 피워서 분홍빛이 검게 변했다는 둥
밑바닥까지 탄 속이 까맣게 눌어붙었다는 둥
남편 복이 지지리도 없다며 얼굴 붉히는 그녀에게
남자 복은 있는 것 같다고 나는 능청을 떨었다
아래쪽 단추 두 개나 떨구면서 블라우스를 걷어 올린 속도에
털진드기는 떨어져 나갔는지 보이질 않고
그 짧은 사이 까만 오디 같은 유두를 훔쳐보았는지
산뽕나무 가지에 앉은 붉은머리오목눈이 녀석이
난 다 봤지롱, 난 다 봤지롱
키득거리고 있었다

티사강의 꽃

수면에 앉은 암컷 하나에
수십 마리의 티사하루살이 수컷들이 달려들면
수면은 활짝 한 송이 꽃으로 피어난다

갈매기와 물고기의 밥이 되기도 하는
수컷들을 두고
강 상류로 날아가 알을 낳는 암컷

진흙에서 성충
다시 진흙이 되는 시간이 한 생애다

세상에서 가장 긴 하루를 살아가는
티사하루살이 꽃이다

---

*티사하루살이: 헝가리 티사강에서 볼 수 있는 하루살이.

늙은 등산화

一 산행할 때마다 꽉 끼는 등산화에서 탈출하려고 몸부림쳤을 엄지발가락
꽁꽁 다독이다 웅숭깊게 코가 뭉개진 등산화
볼 때마다 아내는 내다 버리라 한다
아내와 함께 산행을 하고 온 날
주황색이던 신발 바닥 가장자리가 모두 흙빛으로 바뀐
내 등산화를 치켜들고 남 볼까 창피하다며 현관문 향해 내던졌다
닳아빠진 바닥이 미끄러우니 다칠 수도 있다는 걱정 대신
낡은 신발을 신고 다니는 남편이 남사스럽다며
등산화를 던지는 아내의 지청구가 헌 등산화 코에 박혀 컹컹대고 있었다
뭇 생명 모두 맨 먼저 코가 생성되어
생의 마지막도 코부터 소멸한다는 이치를 익히게 해 준,
코와 밑바닥이 닳고 헐었지만 내 발을 편하게 해 준
등산화
아내 몰래 신발장 맨 위쪽에다 모셔 두었다
아내가 사 준 새 등산화에 뒤꿈치가 까진 날
숨겨 둔 등산화를 꺼냈다 내 고향처럼 늙은 등산화
— 되레 내가 측은한 듯 헐어서 벌어진 콧구멍을 벌름거렸다

내 코가 찡해 왔다

나는 더하기였다

수직과 수평이 만나 온전한 모습을 이룬 더하기(+)가
꿈인 적도 있었다
사춘기가 지나면서 모범적인 더하기에 싫증이 났는지
세상 비딱하게 바라보는 빗금끼리 만난 곱하기가
더 멋있어 보이기 시작했다
중년이 되자 빗금의 각도가 지닌 위험을 감당하지 못한 탓일까,
처음 마음을 빼앗긴 더하기로 되돌아갔다
내 친구 영철이 녀석 바다를 살짝 비켜 앉은
삼천포 실안 마을에 사 놓은 땅이 몇 곱절이나 뛰었다며
술 한잔하자고 전화가 왔다
내가 술 못하는 걸 뻔히 알고 있는,
곱하기를 잘하는 녀석 당해 낼 재간이 없다

의자
―명퇴하던 날

남에게 의자가 될 수 있다는 건
곁에다 하늘을 들여놓고 산다는 것과 같다
어릴 적 아들놈은 늘
내 무릎을 의자 삼아 앉곤 했다
초등학교에 들어가면서부터
아들놈은 내 무릎을 기피했다
대신 내 손에 든 짐을 거들어 주었다
내 짐을 덜어 주는, 의자 등받이 같은 아들을 보며
더는 의자가 되지 못하는 아비의 무릎
세상 모서리에서 삐걱거리기 시작했다
드디어 내 무릎이 내 의자가 되어 쉬는 날
꺾은 무릎에서 꺼억꺼억
공기 반 소리 반 생소한 음이 들려왔다
처방전을 건네는 신경외과 의사의 말을 듣고
무릎에도 눈물이 고인다는 걸 알았다

나는 신이다

― 저 사람 신이다

가족끼리 냉면 한 그릇 먹고 식당 문을 나서는데
우리 뒷자리에서 식사하던 사람들
저네들끼리 주고받는 말을 엿듣고 말았다

아빠, 저 사람들이 아빠를 신(神)이래
하고 딸이 말하자 아들놈은
아니 시인이라고 하던대 하고 바로잡으려고 하니
그 말을 되받은 아내는 신(靴)이라고 하던대
하고 특유의 발언권으로 결론을 내렸다

아들딸을 창조한 사람이니 신이란 말도 맞고
시를 쓰니까 시인이란 말도 맞는데
아내가 말한 신이란 말은 도저히 납득이 안 갔다
평생 발밑에서 밟히고만 살아야 하는 신
집으로 오는 내내 승용차 안에서 궁리를 했다

아파트 지하 주차장에 내린 후에야
아내가 던진 말뜻을 짐작했다

감싼 발을 모시고 집으로 온 수호신 같은 신
나를 인정해 준 아내한테 건넬 미소를 머금고 거실에 들어오자
뒤따라오던 아내가
현관에 함부로 벗어 놓은 내 신발 한 짝을
뾰쪽한 하이힐로 냅다 걷어차 버린다

나는 정말 신이었다

인공호흡

탱글탱글 부푼다는 건 젊다는 증거다
욕실에서 나오시는 어머니와 눈이 마주친 적이 있다
바람이 다 빠져나간 풍선 같은 아흔 살 가슴을
두 손으로 감싸고 나오셨다
뒷걸음질로 나오는 아내와 다른 점이다
어머니 손으로 가린 풍선의 입에다
내 입을 대고 바람을 불어 넣고 싶다
금방 일어날 것 같은 풍선에다 태어나 한 번도 입지 못한
브래지어를 입혀 드리고 싶다
어머니 펄쩍 뛰시겠지, 그 점프로 어머니
이미 하늘로 올라가셨지만 나는 안다
하늘로 오르기 위해 밤마다
피슈숙피슈숙 바람 빠지는 풍선의 입을 움켜잡고
수없이 한숨을 불어 넣으셨을 것이다
탄력 있게 부푼 풍선을 타고 붕붕 날아올 수 있도록
어머니의 풍선 입에다 밤새 공기를 불어 넣고 싶다

대퇴골두무혈성괴사

술이
대퇴골 우듬지를 다 갉아먹었다

저녁이 비틀대며 다가온다는 건
아직 너에 대한 애정이 남아 있다는 증거다

전화기 너머로 보내온 혀가 꼬인 목소리
끊겼다 다시 이어지는 건
너에 대한 향수가 아직
네 빈 발자국에 고여 있다는 것인지도 모른다

어쩌다 제자리로 돌아오는 온전한 기억
잘라 내고 긁어낸 자리 인조 **뼈**가 들어선 날

어처구니없게도
부활한 대퇴골이 술을 갉아먹기 위해
나를 벌떡 일으켰다

고양이 키스

一
눈으로 키스를 한다는 고양이
네 눈동자 속으로
내 눈동자가 들어가면
내가 보인다
사랑은 네 눈 속에서 나를 보는 일,
눈을 감고
네 눈길 속에 갇힌 사랑이
한 그루 무화과나무가 되어
지친 너를 쉬게 할 그늘을 키운다
바닐라 아이스크림 맛의 과즙이
두 눈 가득 고이는 순간이다

一

대장내시경

 아무런 저항도 못 한 채 당했다
 그것도 수면 상태에서 당한 첫 경험
 정신이 돌아왔을 땐 모든 게 끝난 상태였다
 문제는 그때부터였다
 내 동정을 앗아간 남자가 초보였던지
 괄약근이 심하게 느슨해져 있었다
 시도 때도 없이 구린내가 풍기더니
 가파른 길을 오를 때면 팬티를 더럽힐 정도로
 심각한 후유증이 나타나기도 했다
 두어 해가 지나자 구린내도 변 흘림도 사라졌다
 그러자 한번 더 하자고 연락이 왔다
 당해 보지 않은 사람은 모른다
 안간힘 쓰며 누변(漏便)을 막아야 했던 괄약근
 헐렁해진 내 안짱걸음으로 툭툭 불안을 걷어차며 걸었던 길바닥
 어눌하게 눌어붙은 중년이 바싹 긴장하기 시작한다

제5부 비토섬으로 간 여자

오도재
—변강쇠의 후예

함양 마천골에서 태어난 상근이 녀석
변강쇠의 후예가 된 얘기를 틈만 나면 들려줬다
열일곱 소년 시절
방 두 칸이 전부인 두메 외딴집
엄마 아버지 어린 막내는 안방에서 자고
동생 둘을 데리고 자던 녀석 늦은 밤 인월에서 넘어온
갓 마흔 방물장수 아줌마랑 하룻밤 혼숙을 했다
먼 길 걸어온 방물장수 다리품은 피곤했지만
달포가 넘도록 사내를 보지 못한 탓일까
동생들 잠든 뒤 누가 먼저랄 것도 없이 엉겨 붙은 두 사람
동정을 헌납한 친구 녀석 하룻밤 새 대여섯 번
천국을 넘나들며 배우고 익힌 스킬 평생 써먹는다며
자랑삼아 말하는 변강쇠의 후예
나무 장승끼리도 흘레를 붙는다는 마천골
친구 녀석 지난밤에도 숨 가쁜 오도재를 넘나들었는지
예순이 한참 지났는데도 충혈된 안짱걸음으로 아침을 맞
는다

첫사랑

설탕 한 숟갈
거기다 불길 은근한 구공탄만 있으면 충분했다

연탄불 가까이 다가선
숟가락 젓기만 하면 너는
달고나다

아뿔싸,
기울어진 숟가락에서 흘러내린 달고나가
내 발등을 찍었다
수십 년이 지난 지금까지
내 왼쪽 발등
입 다문 화상으로 눌어붙은 누런
달고나

볼 때마다 입안 가득 침이 고인다

노안

오랜만에 통화한 동창 녀석
학창 시절 내 짝사랑 핸드폰 번호를 알려 줬다
몇 번이나 전화를 했는데도 계속 앳된 여학생이 받았다
친구에게 전화번호 똑바로 좀 알려 달라며 지청구까지 한 뒤
안경을 벗어 녀석이 알려 준 번호가 적힌 메모지를 확인했다
끝 번호가 3번이었다 계속 8번을 눌러 댔으니
어린 여학생 얼마나 성가셨을까,
50년 만에 통화를 한 동창 여자애가
—야, 니 목소리는 초등학교 때랑 똑같다 얘
하며 비음 섞인 너스레가 새삼 고마웠다
전화를 끊은 뒤 정성껏 안경알을 닦았다
안경알 가장자리 묻은 어린 여학생의 목소리가
나를 향해 한쪽 눈을 찡긋해 보인다

백반증

　태어나 육십 년을 꿈꾸어 온 백자색 피부
　지금도 백인 닮은 피부를 꿈꾸는 아내
　비현실적 가격의 화장품을 날마다 덧칠한다
　하루 중 수면 다음으로 많은 시간을 투자하는 화장
　화장술로 빚은 아내의 얼굴
　백인보다 더 하얀 피부로 나 어때! 하는 아내에게
　조선백자가 환생한 줄 알았다며 너스레를 떨면서
　어색한 동작으로 리액션을 연출하는 건
　후천적으로 익힌 내 생존법이다
　나이 들면서 은근히 하얀 피부를 갖고 싶었던 나였던지라
　아내 몰래 가끔 부터 나는 도자기 모양의 화장품 뚜껑을 열어
　표 안 나게 내 얼굴에다 찍어 바르곤 했다
　효과는 직방이었다
　훔쳐 바른 지 석 달도 안 되어
　내 귓불 밑에 희고 둥근 백반(白斑) 두어 개나 생겨났다
　백자 피부로 부부 동반 모임에 나서는 아내 뒤를
　빳빳이 세운 옷깃으로 목을 가린 채 따라나선다

비토섬으로 간 여자

토끼만 한 여자 하나
쉰이 넘어
익어 터진 사랑을 찾아
비토섬에 정착했다
물을 싫어하는 습성을 버리고
바다보다 낮은 물가에
집을 지었다
비토섬에서는
토끼만 한 그 여자네 집 마루 밑에서
해가 뜬다

혹씨

가을 들녘 빛으로 말을 걸어왔다

카페 한 테이블 건너 다소곳이 앉아 있던 여인이
조심스레 다가와 나를 혹씨 하며 불렀다

사십 년도 더 지난 세월이다
얼굴도 몸매도 심지어 머리카락도 곱슬로 변했지만
아랫입술 언저리 작은 점은 그대로다

아! 혹씨

깜짝 놀라는 나를 보며
대답 대신 아랫입술을 활짝 펼쳐 보였다

두 시간 동안이나
변하지 않은 그녀의 입술에서
눈을 뗄 수가 없었다

라흐마니노프의 피아노 협주곡 4번이
주홍빛 입술에서 여전히 흘러나왔다

혹시 하는 마음으로 나갔지만
변하지 않은 건 그녀의 아랫입술

나와 그녀의 성마저 흑씨로 바뀌어 있었다

맹그로브 한 그루

一   이틀 걸러 하루 병원에 다니고 난 뒤에야
　　월남전 고엽제 에이전트 오렌지 세례를 받은 후유증으로
　　온몸 말라비틀어져 가고 있었다는 걸 알았다
　　오십 년 이상 택시 핸들을 붙잡고 살아온 국가유공자 조창섭 옹
　　도시 속 한 그루 맹그로브가 되어 휘청거렸다
　　한바탕 스콜이 지나가고 나면 다시 생기를 찾는 맹그로브
　　팔을 잃었거나 다리 하나를 밀림 속에 심어 두고 온 적은 없지만
　　일흔이 넘은 뒤부터 도로 위를 질주해야 할 시간에
　　곯아 빠진 다리 길바닥에 멈춰 선 날이 더 많았다
　　급발진이라도 좋으니 달려 보고 싶었다던 조창섭 옹
　　가다 서다를 반복하다 끝내 서른네 평 아파트 거실에서만 운행했다
　　아파트 베란다로 내리쬐는 햇살을 볼 때마다 스콜이 퍼붓는다며
　　온몸을 펼쳐 받아 마시기도 했다
　　나보다 열한 살이나 연상인 누님의 남편 조창섭 옹
　　깡마른 몸이 되살아날까 봐
―　　베란다 창 쪽 바싹 다가가 한 그루 맹그로브가 되어

활짝 두 팔 벌려 햇살을 맞는다

노루

一

포수에 쫓겨 달아나던 노루가
잠깐 멈춰 서서 뒤를 돌아본다
자신이 왜 도망가는지를
그사이 깜박 잊고 뒤돌아본다고들 하지만
영물인 노루는
자기를 해친 인간을 선한 눈으로 익히기 위해 돌아본다
죽은 노루는 기억 속에서 끄집어낸 인간을 해코지한다
꿇어앉아 학폭을 당한 노루 눈을 가진 아이의 곁눈질이
무서운 까닭도 거기에 있다
산속에 사는 짐승 중 가장 약하고 착한 짐승
살아 있을 동안에는 늑대나 인간에게 당하기만 하다가
죽은 뒤 그 맑은 영혼이 가해자를 벌벌 떨게 한다

二

실로암

진주시 초전남로 안골
보호수인 삼백 세 느티나무를 지나
가파른 언덕배기에 이르면
절인 듯 교회인 듯 슬레이트 지붕을 덮어쓴
키 낮은 집 하나 있다
딱새 굴뚝새 오목눈이가 야단법석을 열면
함박웃음 짓는 석류가 설교를 하고
노을빛 홍시 가득 매단 감나무 우듬지가
명상에 잠긴다
밤마다 빛나는 별들이 모여 기도하는,
별들의 기도발 받아 해가 가장 먼저 뜨는

세상의 마지막 집

주상절리

쥐라기부터 산신들이 머물던,
주문을 외워야 문이 열리는 아파트
밤마다 반짝이는 입으로
별들은 주문을 왼다

아침이면 별들이 자고 간
별의 몸집만 한 작은 구멍들
빛나는 햇살이 고여 있는

무등산 입석대

마다가스카르섬

하늘에다 뿌리박고
섬을 먹여 살리고 있는 바오밥나무

해안선이 아름다운 건
섬 가장자리를 바다에 내주고
그 경계를 허물었기 때문이다

파도가 소리 죽여 섬을 어루만지는 날이면
바오밥나무 뿌리는 한 뼘이나 더 자란다

코발트빛 하늘이 출렁대기 시작한다

환한 세상 하나 만나다

구름은 늘 하늘을 밟고 간다
어쩌다 구름이 구름을 밟고 지나가는 날이면
천둥 번개가 친다
밟힌 자의 눈물이 비다
구름이 그리워하는 친구에게 밟힌 날은
눈으로 내린다
그것도 춤을 추면서 내려온다
눈발이 걸어간 길을 따라가다 보면

어둠 속에서도 온통
환한 세상 하나 만난다

해설

달과 천 개의 강

성선경(시인)

　시는 그 시를 쓴 시인의 마음 경계라 할 수 있다. 그래서 시를 쓴다는 것은 시인의 마음을 밝히는 일이며, 그 마음의 경계를 밝히는 것이라 하겠다. 하나의 마음이 사물을 만나 빛을 밝히고 그림자를 만든다. 하나의 달이 천 개의 강을 비추는 것처럼, 마음은 인간의 모든 경계에서 달처럼 비춘다.
　시는 때로 세밀한 표현의 디테일도 중요하지만, 큰 그림도 그릴 줄 알아야 한다. 이번 박종현 시인의 시집 『밤실 오디세이』는 인생사의 희노애락(喜怒哀樂)과 생로병사(生老病死)를 베를 짜듯 직조해 놓고 있다. 고향에 대한 예찬이면서 동시에 삶에 대한 하나의 거대한 서사이다.

　　오랜만에 들른 고향집
　　문을 열자 대문 앞까지 나온 잡초들이 나를 반겼다
　　시멘트 마당이 부석부석 흙으로 변해 있었다
　　한켠이 무너진 흙담은 골목과 경계를 허문 지 오래다

내 발걸음 소리에 벌써 문틈으로 내다보실
　어머니 기침 소리 끝내 들리질 않았다
　기침을 무릎으로 짓누르며
　내 첫 시집 표지를 바라보시던 모습이 격자 문양 문살에 얼비칠 때
　지붕 가까이 내려온 별을 헤고 또 헨 지가 십 년이 흘렀다
　온 집 안 가득 어둠이 뒤덮자
　말똥말똥 하늘이 눈을 뜨기 시작했다
　혹시나 저 별빛 타고 내려와 읽어 주실라나
　부엌문 문설주에 박힌 돌쩌귀 옆에다 내 새 시집을 꽂아 놓았다
　밤마다 허물어진 담으로 넘어와 집 안을 둘러보실 때
　행여 눈에 띄면 읽으실까 봐 꽂아 둔 시집
　오늘은 우물가에 내려온 별들이 반짝반짝 시집을 읽고 있다
　살아생전 어머니는 시 한 편도 읽지 않았다

　아들의 시는 안 읽고도 다 안다
　　　　　　　　　—「밤실 오디세이—시 읽는 별」 전문

　박종현 시인은 위의 시에서 왜 「밤실 오디세이」 연작시를 쓰게 되었는지 그 연유를 밝히고 있다. 고향에 대한 향수와 어머니에 대한 그리움, 그리고 '내'가 시를 쓰는 이유가 이 시 한 편에 다 들어 있다.
　고향집은 허물어져 가고, 어머니는 이미 돌아가시고, "무너

진 흙담은 골목과 경계를 허문 지 오래다". 이러한 농촌의 피폐해진 사정은 농촌을 고향으로 가진 사람들의 입장에서 볼 때 너 나 할 것 없이 거의 다 비슷한 처지이다. 아쉽고 그립지만 이미 쇠락의 길을 걷고 있는 농촌의 현실은 보편적이다.

  시인은 어머니께서는 "아들의 시는 안 읽고도 다 안다"고 강조를 하지만 "혹시나 저 별빛 타고 내려와 읽어 주실라나/부엌문 문설주에 박힌 돌쩌귀 옆에다 내 새 시집을 꽂아 놓"기도 한다. 그러나 사실 "살아생전 어머니는 시 한 변도 읽지 않았다" 고백한다. 지금이라도 어머니께서 "행여 눈에 띄면 읽으실까 봐 꽂아 둔 시집"은 별들이 읽고 있다.

    중학교 입학하면서 펼쳐 본 사회과부도
    아무리 뒤적여도 내가 태어난 밤실은 없었다
    우주의 중심인 줄 알았던 내 고향 밤실은 미아였다
    기찻길과 신작로, 강줄기도 모두 비껴가는 두메
    경상남도 창녕군 대합면 장기리 밤실
    지도에도 존재하지 않는 마을에 드나들 때마다
    점점 작아지던 나
    동네 어귀 늙은 당산나무처럼 사그라든 어른이 되자
    자꾸만 지도에 없는 마을로 돌아가고 싶었다
    세상의 뿌리는 모두 단군 할아버지처럼 교과시엔 나와 있지 않고
    마음속 지도에만 존재한다는 걸 알고 난 뒤부터
    세상 한가운데 밤실이 떡하니 자리 잡기 시작했다

하늘보다 아득하고 바다보다 넓은,
　　우주의 근원이 된 밤톨을 싹 틔운 밤실
　　내 하루하루가 저물 때마다 호주머니에 든 밤톨을 만진다
　　하늘과 땅이 서로 볼을 비비는 소리가 들린다
　　손바닥만 한 마을 온통 별들로 가득하다
　　　　　　　　　　　　　―「밤실 오디세이―밤실」 전문

　박종현 시인이 태어나고 자란 고향집은 "경상남도 창녕군 대합면 장기리 밤실"이다. 시인은 고향 밤실이 "우주의 중심인 줄 알았던" 때가 있었다. 그러나 밤실은 "지도에도 존재하지 않는 마을"이며 "기찻길과 신작로, 강줄기도 모두 비껴가는 두메" 골짜기다.
　그러나 환갑을 넘긴 시인은 "세상의 뿌리는 모두 단군 할아버지처럼 교과서엔 나와 있지 않고/마음속 지도에만 존재한다는 걸 알고 난 뒤부터/세상 한가운데 밤실이 떡하니 자리 잡기 시작"했으며, "자꾸만 지도에 없는 마을로 돌아가고 싶"어 한다.
　또한, 시인이 중요하게 생각하는 시어는 별빛이다. 고향집에 꽂아 둔 시집을 읽는 것도 별빛이며, 고향을 생각하면 "손바닥만 한 마을"이 "온통 별들로 가득하다". 시인에게 꿈의 현상은 늘 '별빛'으로 환원되어 나타난다.

　　얼굴에 주름이 패는 건
　　이승을 건너

하늘로 닿는 길을 열어 두기 위함이다

갓 태어난 아기가
입술 가득 주름을 물고 나온 것도
하늘이 열어 놓은 주름 길로 태어났기 때문이다

아흔이 넘은 윤 씨 할머니
깊게 팬 주름마다 독일산 제오민으로 채워서일까,
얼굴엔 주름살 하나 없다

하늘에 닿는 주름을 없애자
몇 날 며칠 하늘길 찾지 못해
산소마스크 속에서 헐떡이며 헤매고 있다

호스피스 병동을 지키던 막내아들
창문을 두드리는 다급한 밤바람에도
모로 누운 보호자 침대에서 코를 골고 있다

—「보톡스 부작용」 전문

  시인이 시를 쓴다는 것은 새로운 원형(原型)을 창조하는 일이다. 박종현 시인이 생각하는 '늙음/낡음'에 대한 생각을 한마디로 나타내는 표상이 '주름'이다. 시인의 표현에 의하면 주름은 길이다. "얼굴에 주름이 패는 건/이승을 건너/하늘로 닿는 길을 열어 두기 위함이다".

사람이 늙는 것도 주름지는 일이며, 고향집이 낡아 가는 것도 주름지는 일이다. 이렇게 주름지는 일은 아주 자연스러운 것으로 훼손해서는 안 될 가치인 것이다. 한 생애를 건너는 일은 주름을 통해서 이루어진다고 보는 것이다.

"갓 태어난 아기가/입술 가득 주름을 물고 나온 것도/하늘이 열어 놓은 주름 길로 태어났기 때문이다". 그런데 이 주름을 훼손하면 한 생애를 건너는 길을 잃는 것이다. 그래서 아흔을 넘긴 윤 씨 할머니는 "하늘에 닿는 주름을 없애자/몇 날 며칠 하늘길 찾지 못해/산소마스크 속에서 헐떡이며 헤매고 있다". 그러므로 여기서 주름은 한 생애를 건너는 길이다.

— 저 사람 신이다

가족끼리 냉면 한 그릇 먹고 식당 문을 나서는데
우리 뒷자리에서 식사하던 사람들
저네들끼리 주고받는 말을 엿듣고 말았다

아빠, 저 사람들이 아빠를 신(神)이래
하고 딸이 말하자 아들놈은
아니 시인이라고 하던대 하고 바로잡으려고 하니
그 말을 되받은 아내는 신(神)이라고 하던대
하고 특유의 발언권으로 결론을 내렸다

아들딸을 창조한 사람이니 신이란 말도 맞고

시를 쓰니까 시인이란 말도 맞는데
　　아내가 말한 신이란 말은 도저히 납득이 안 갔다
　　평생 발밑에서 밟히고만 살아야 하는 신
　　집으로 오는 내내 승용차 안에서 궁리를 했다

　　아파트 지하 주차장에 내린 후에야
　　아내가 던진 말뜻을 짐작했다
　　감싼 발을 모시고 집으로 온 수호신 같은 신
　　나를 인정해 준 아내한테 건넬 미소를 머금고 거실에 들어오자
　　뒤따라오던 아내가
　　현관에 함부로 벗어 놓은 내 신발 한 짝을
　　뾰쪽한 하이힐로 냅다 걷어차 버린다

　　나는 정말 신이었다
　　　　　　　　　　　　　　　　　　　—「나는 신이다」 전문

　시인은 위트와 풍자를 통해서 이 각박한 현실과 삶을 아름답게 표상하고 있다. 시인은 '신(神)/신(靴)'의 동음이의어를 통해 '하늘과 땅'을 동일시했다. 신(神)은 머리 위에, 신(靴)은 발 아래에 있는 것으로 그 위치가 사뭇 다르다. 하지만 그 중간 매개체로서 시인을 두고, '신(神)/신(靴)'을 동일시하고 있다.
　이는 시인이 요즘, 시인을 대하는 현실의 태도를 위트로 풍자한 경우이다. 시인은 신(神)이 될 수도 있지만 반대로 신(靴)이

될 수도 있다. 박종현 시인의 다른 시 「늙은 등산화」에서도 시인의 위치가 신발과 유사함을 표상하고 있다. 이러한 말놀이는 시인의 다른 시들에서도 보인다. 옛 여자 친구를 만나 서로의 이름은 잊어버리고, 옛 기억을 더듬어 '혹시' 하고 묻는 물음을 "혹씨"라고 성씨로 바꾸어 희화화하는 태도도 여기에 속한다 하겠다(「혹씨」).

> 살아 있는 모든 생명은 걷는다
> 게도 사람도 자벌레도
> 해와 달, 별도 걸어서 하루를 건넌다
> 심지어 동백나무나 애기똥풀도 해를 등진 채
> 제 그림자가 가리키는 길을 따라 걷는다
> 동백과 애기똥풀이 나눈 얘기들이 모여 꽃으로 핀다는 걸
> 함께 머물다 간 햇살과 바람은 알고 있다
> 걷는 이를 바라보는 일은 그가 남긴 그림자를 사랑한다는 뜻
> 더 이상 사랑할 수 없는 먹감나무 낙과와 죽은 딱새는
> 걷지를 못한다 그림자가 없기 때문이다
> 고향집 뒤란에 선 늙은 회화나무 내가 먼 길을 나설 때마다
> 담 너머 긴 그림자를 드리워 내 걸음을 배웅해 주다가도
> 내가 쳐다보면 짐짓 돌아서서 딴청을 피운다
>
> 부모님 말고도 나를 키워 준 이가
> 또 한 분 계셨다
> ―「밤실 오디세이―회화나무 그림자」 전문

시는 배워서 아는 것이 아니라, 직관에 의해 성찰하는 것이다. 시인은 '삶/죽음'의 경계를 '걷다'라는 말로 표상하고 있다. 시인에게 걷지 못하는 것은 죽은 것이다. 그래서 "게도 사람도 자벌레도/해와 달, 별도 걸어서 하루를 건넌다/심지어 동백나무나 애기똥풀도 해를 등진 채/제 그림자가 가리키는 길을 따라 걷는다". 그리하여 박종현 시인은 "걷는 이를 바라보는 일은 그가 남긴 그림자를 사랑한다는 뜻"이라고 정의하고 있다.

그림자를 가진다는 것은 살아 있음이요, 사랑하는 표상이다. 그래서 "동백나무나 애기똥풀도 해를 등진 채/제 그림자가 가리키는 길을 따라 걷는다". '삶-사랑'의 표상을 걷는 일로 표현하고 있는 것이다. 시인은 "고향집 뒤란에 선 늙은 회화나무 내가 먼 길을 나설 때마다/담 너머 긴 그림자를 드리워 내 걸음을 배웅해 주다가도/내가 쳐다보면 짐짓 돌아서서 딴청을 피운다"라고 읊고 있다. 이 회화나무 그림자의 걸음이 사랑으로 환치되자, 회화나무는 부모님과 같은 반열에 오르고, 시인은 "나를 키워 준 이가/또 한 분 계셨다"라고 성찰한다. 시인에게 고향의 회화나무는 '나'를 키운 분이다.

 밤하늘이 동그랗게 눈을 뜨고
 나를 감시하고 있다
 내 마음을 어떻게 알아챘는지
 골목 모퉁이를 돌아 그녀의 봉창 밑 서성이면

불쑥 먹감나무 가지 사이 비집고 나와
　　나를 뚫어져라 쳐다본다
　　속내를 들킨 나는 줄행랑을 쳤지만
　　부릅뜬 눈으로 바지랑대 위에 올라앉아 있는 달
　　먼발치 그녀 방엔 늦은 밤인데도
　　환한 달빛이 함께 머물고 있다
　　분명 그녀의 지령을 받은 달이
　　내 일거수일투족을 살피는 게 틀림없다
　　밤은 어두워야 진짜 밤이란 걸
　　배신당해 본 사람은 안다
―「밤실 오디세이―보름달」 전문

　'어둠/밝음'의 표상으로서 '밤/달'의 대비는 문학에서는 오래된 상징체계다. 밤의 어둠이 모든 것을 감추어 준다면, 달의 밝음은 모든 것을 환히 드러나게 한다. '그녀'를 짝사랑하는 '내'가 어둠을 틈타 '그녀'의 봉창 밑에 서성이면 달은 "불쑥 먹감나무 가지 사이 비집고 나와/나를 뚫어져라 쳐다본다". 지금껏 사랑 고백도 못한 '나'는 마음의 속내를 들켜 "줄행랑을 쳤지만" "분명 그녀의 지령을 받은 달이/내 일거수일투족을 살피는 게 틀림없다" 생각한다.

　　아마 이와 같은 추억을 가지지 않은 사람은 흔치 않을 것이다. 대개의 남자애들은 한 번쯤 첫사랑의 가슴앓이를 하고, 이러한 일을 달에 들키는 일은 비일비재하다. 고전시가에서도 대개 달은 여자의 편에서 여자들의 보호자로 등장

하는데, 박종현 시인의 「밤실 오디세이—보름달」에서도 마찬가지이다. 그래서 보름달에서 "그녀 방엔 늦은 밤인데도/ 환한 달빛이 함께 머물고 있다".

> 오랜만에 통화한 동창 녀석
> 학창 시절 내 짝사랑 핸드폰 번호를 알려 줬다
> 몇 번이나 전화를 했는데도 계속 앳된 여학생이 받았다
> 친구에게 전화번호 똑바로 좀 알려 달라며 지청구까지 한 뒤
> 안경을 벗어 녀석이 알려 준 번호가 적힌 메모지를 확인했다
> 끝 번호가 3번이었다 계속 8번을 눌러 댔으니
> 어린 여학생 얼마나 성가셨을까,
> 50년 만에 통화를 한 동창 여자애가
> ―야, 니 목소리는 초등학교 때랑 똑같다 얘
> 하며 비음 섞인 너스레가 새삼 고마웠다
> 전화를 끊은 뒤 정성껏 안경알을 닦았다
> 안경알 가장자리 묻은 어린 여학생의 목소리가
> 나를 향해 한쪽 눈을 찡긋해 보인다
> ―「노안」 전문

시는 마음의 발로이다. 마음을 어떻게 갖느냐에 따라 긍정적으로 될 수도 있고, 부정적으로 바뀔 수도 있다. 앞서 「나는 신이다」에서 박종현 시인이 '신(神)/신(靴)'의 매개체로서 '시인'을 두고, '신(神)-시인-신(靴)'으로 시인의 위상을 표상한 바와 같이, 시인의 '늙음'에 대한 시선도 긍정적이다.

노안으로 인한 해프닝을 창작 매개로 삼은 위 시에서 "50년 만에 통화를 한 동창 여자애가/―야, 니 목소리는 초등학교 때랑 똑같다 얘/하며 비음 섞인 너스레가 새삼 고마웠다"라 한다. 또한 안경알을 닦는데 "안경알 가장자리 묻은 어린 여학생의 목소리가/나를 향해 한쪽 눈을 찡긋해 보인다"라는 표현에서 시인이 노화의 한 징표인 '노안'을 긍정적으로 대하고 있음을 알 수 있다.

　　날마다 다니던 산길 모퉁이
　　떡갈나무 잎 하나 나를 따라오며
　　자꾸 말을 건다
　　가을이 깊으면 모두 외로워지나 보다
　　저도 나도 멈춰 서서 서로를 빤히 쳐다본다
　　내가 건네고자 하는 말을 이미 알고 있다는 듯
　　주름진 떡갈잎이 옷깃을 여미며
　　터져 나오려는 웃음을 애써 참다
　　돌아서는 내 등 뒤에다
　　떡깔깔 떡깔깔 웃음을 터트린다
　　심심해하던 하늘마저 배꼽 잡고 웃는다

　　가을이 겨울에게
　　오솔길을 통째로 넘겨주는 순간이다
　　　　　　　　　　　　　　―「입동」 전문

입동(立冬)은 24절기 중 겨울의 첫걸음이다. 24절기는 흔히 사람의 인생살이에 많이 비교되곤 하는데, 이렇게 보면 입동은 노년의 초입이라 볼 수 있다. 시인은 산길을 걷다 떡갈나무를 만난다. 그 떡갈나무 낙엽이 자꾸 시인에게 말을 건다. 그런데 "내가 건네고자 하는 말을 이미 알고 있다는 듯/ 주름진 떡갈잎이 옷깃을 여미며/터져 나오려는 웃음을 애써 참"는다. 그러다 "돌아서는 내 등 뒤에다/떡깔깔 떡깔깔 웃음을 터트린다".

"떡깔깔 떡깔깔" 웃음소리도 재미있지만, 그보다도 "가을이 겨울에게/오솔길을 통째로 넘겨주는 순간"이 더 중요하다. 우리는 이제 가을도 아니고 이미 겨울이라는 말을 떡갈나무 잎은 시인에게, 시인은 떡갈나무 잎에 건네고자 한 말일 것이다.

그런데 시인은 그 순간 떡갈나무의 "떡깔깔 떡깔깔" 웃음소리에 그만 모든 마음을 내려놓는다. 긍정의 마음 하나가 우주를 들었다 놓는, 하나인 하늘의 달이 천 개의 강을 다 비추는 순간이다. "심심해하던 하늘마저 배꼽 잡고 웃는" 위트로 시인은 입동을 겨울의 초입이 아니라 24절기 중 완성의 계절로 바꿔 놓는다. "떡깔깔 떡깔깔".